NOUVELLE MODE CHEZ LES 6e

For Étienne Augé, as redheaded in heart
as the best of Irishmen.
C. U.

À mes Lolo et Nolwenn, Danie, Émilie.
Les filles les plus merveilleuses du monde !
M.

Éditions Play Bac, 14 bis, rue des Minimes, 75003 Paris

Claire Ubac

NOUVELLE MODE CHEZ LES 6^{e}

Moemai
Miranda Yeo

playBac

Lili a 11 ans, une tonne d'idées et de l'or dans les doigts. Suivant son désir du moment, elle peut fabriquer un joli bijou, dessiner une tenue hyper-fashion ou redécorer entièrement sa chambre !

Lili vient d'entrer en sixième à l'École Dalí comme pensionnaire. C'est la première fois qu'elle est séparée de son père, grand reporter.

Sa nounou adorée lui manque, ainsi que les plats marocains sensationnels qu'elle seule sait cuisiner. Sans parler de son meilleur ami pas ordinaire, sur lequel elle peut toujours compter.

Lili a d'autant plus besoin d'eux qu'elle n'a jamais connu sa maman, ce qui fait un sacré vide. Heureusement qu'il y a le téléphone !

Découvre notre Lili aussi drôle que têtue et suis-la dans ses nouvelles aventures…

Les amis de Lili

Adrien
dit Pony

Karima
colocataire de Lili

Jade
ex Myblette

Les Trois Quatre : Fatou, Camélia et Mélissa

Les Kawaii

Héloïse

Myriam-Annabelle
dite Mybel
sœur d'Héloïse

les Myblettes

Rafaël

Kébir

La famille de Lili

Samuel Truong
dit Bouddha

Cédric O'Ryan
père de Lili

Zina
nounou de Lili

L'École Dalī

Marion Jab
directrice

M. Carlo
professeur d'art

La professeur
de SVT

La professeur
d'EPS

Les autres personnages

Julia
palefrenière

La boulangère

Mikaël
ami de Cédric

LA SURPRISE

Dernier jour des vacances de la Toussaint ! Ce matin, je suis allée aux écuries de l'École Dalí, mon école d'art, panser Soleil. Normalement, c'est la dernière fois, car les sixièmes n'ont le droit ni de s'occuper des chevaux ni de les monter avant le troisième trimestre. Mais Julia, la palefrenière du collège, nous a laissés exceptionnellement Pony et moi prendre soin d'eux ces deux dernières semaines. J'ai demandé à Julia si je pouvais continuer à venir voir mon cheval préféré à la reprise des cours ; elle m'a promis d'en parler à la directrice.

Je lis un roman quand on frappe à la porte de ma chambre. C'est N° 3, l'une des trois amies de Mybel la peste ! Qu'est-ce qu'elle me veut, cette espionneuse ?

– Tu es attendue chez la directrice, dit-elle avant de s'enfuir dans le couloir.

Ma première pensée est : « Cette peste vient de cafter. » N° 3 m'a épiée pendant toutes les vacances et, la semaine dernière, elle m'a vue monter Soleil alors que je n'en avais pas l'autorisation. Julia m'a passé un savon, mais la directrice ne l'a pas su. Ce qui m'étonne, c'est que N° 3 n'ait pas attendu que Mybel, mon ennemie jurée, soit revenue pour me dénoncer !

Mon cœur bat la chamade alors que je me rends dans le bureau de Marion Jab. Cela m'est égal d'être grondée ; ce que je ne pourrais pas supporter, c'est de ne plus rendre visite à Soleil. Il va croire que je l'ai abandonné !

Les arguments pour plaider ma cause se bousculent dans ma tête. Je frappe à la porte du bureau. Marion Jab m'ouvre avec un grand sourire, splendide dans un pull **vert petit pois**. Juste derrière elle, qui est là ? Mon père ! Avec cet air embarrassé qu'il prend quand il s'agit de sentiments.

– *Daidi*[1] *!* je hurle en me jetant dans ses bras.

– Heureux de te voir, miss, murmure-t-il, la voix enrouée par l'émotion.

1. *Daidi* (en irlandais) : papa.

Je respire à fond la verveine de son eau de toilette. Papa m'a offert le même gel douche que le sien quand il est parti en reportage. Mais, sur lui, ce parfum sent spécialement bon !

Les yeux de Marion Jab brillent de joie. Elle est trop cool, ma directrice.

– Avant de vous laisser vous retrouver, déclare-t-elle, j'ai deux annonces à te faire, Lili. La première, c'est que ton père séjourne pour quinze jours au village. Tu es autorisée à le voir après les cours et, bien sûr, les week-ends. Ces rencontres ne nuiront pas à ton sérieux en classe, n'est-ce pas ?

Je hoche la tête à la vitesse d'un ressort :

– Comptez sur moi, dis-je.

La seconde bonne nouvelle de la directrice, c'est qu'elle autorise désormais les sixièmes qui le désirent à venir aider Julia une heure par semaine à l'écurie. En principe, nous n'avons rien à y faire avant le troisième trimestre, au moment où commencent nos cours d'équitation ; mais Pony et moi avons prouvé pendant les vacances que nous y étions utiles. Grâce à cette autorisation, je pourrai aller retrouver Soleil ! Les joues **rouge bougie**, je m'écrie du fond du cœur :

– C'est très chic de votre part, madame !

J'entraîne mon *daidi* adoré dehors, au pas de course. Je veux lui présenter Soleil pendant qu'il est au pré.

– Doucement, plaisante mon père, j'ai failli déraper sur une feuille morte !

Quand Soleil caracole vers moi à mon appel, Cédric O'Ryan siffle d'admiration.

– Ça alors, dit-il. Tu es déjà très intime avec cet animal. Il est magnifique !

Soleil s'avance vers lui, flaire sa main tendue, secoue la tête et émet un long hennissement. Nous rions tous les deux.

– Il m'a adopté ! fait remarquer papa.

Je brûle de lui confier que c'est le cheval de maman[2]. Mais ce n'est pas encore l'instant propice. J'interroge plutôt mon père sur son reportage en Syrie.

Papa s'adosse à la barrière. Il soupire ; il lui a été difficile de travailler. La situation était critique. Il mettait même en danger les gens qui l'aidaient à essayer de savoir ce qui se passait.

– Cela fait saigner le cœur de voir souffrir un si beau pays, me dit-il. Si tu voyais ces longs murs de pierres sèches dans les champs de terre rouge, tu aurais tout de suite envie de les dessiner. Un jour, je t'y emmènerai, promet-il. En attendant…

2. Voir le tome 4 dans la même collection, *Un cheval pour ami.*

Un éclair rouge et beige sort de la poche intérieure de sa veste : un foulard de soie tiède s'enroule autour de mon cou. C'est la célèbre soie de la ville d'Alep. Je remercie mon père d'un gros baiser pour ce cadeau. Pendant que je suis blottie dans ses bras, nous sentons tous les deux une bonne poussée dans notre dos. C'est Soleil le responsable.

Une voix joyeuse s'exclame non loin de nous :

– *Naughty boy*[3]... En voilà un gros jaloux !

3. *Naughty boy* (en anglais) : vilain garçon.

Julia arrive vers nous. Je suis heureuse de la présenter à mon père. Pendant que nous ramenons les chevaux ensemble à l'écurie, elle examine Cédric O'Ryan sans en avoir l'air. C'est la première fois que Julia rencontre le mari de son ancienne amie Liliana, ma mère, devenue top-modèle sous le nom de Marisa.

Mon père, lui, ne se doute de rien. Julia ne fait aucune allusion à ma mère. Heureusement. C'est moi qui dois choisir le moment où je veux parler à papa !

DENTELLES ET ŒIL DE BICHE

Après les écuries, je fais visiter à mon père les coins importants de l'école : l'érable sous lequel je pense à lui quand il me manque, la salle d'informatique d'où je lui envoie des e-mails... Je termine par ma chambre. La porte est déjà ouverte, une grosse valise en travers du chemin.

– Karima !

Je saute dans les bras de mon amie ; elle rentre tout juste de ses vacances à Londres. Nous tournoyons ensemble... Elle s'arrête net en voyant mon père.

– Karima, je te présente papa. Papa, c'est Karima !

– J'avais deviné, dit papa. *Keïfa halouki ya, Karima*[4] ?

Karima lui répond en arabe. C'est bien la première fois que je la vois intimidée ! Je lui demande si « elle a pensé à moi ». Elle tire de sa valise un paquet emballé aux couleurs du drapeau britannique. Je l'ouvre : c'est un beau petit cheval de bois. Je m'écrie :

– On dirait Soleil ! Comment as-tu deviné ?

4. *Keïfa halouki ya, Karima ?* (en arabe) : comment ça va, Karima ?

Karima ne comprend pas ce que je veux dire : elle ignore qu'en son absence je me suis fait un nouvel ami aux écuries ! Son cadeau est la réplique d'un cheval royal qu'elle a admiré grandeur nature, en bois, à la Tour de Londres.

– Bien, intervient mon père, vous avez des choses à vous raconter toutes les deux. Je vais m'installer à mon hôtel et on se voit demain, Lili !

Je tiens à le raccompagner jusqu'à sa voiture. En arrivant près de la grille d'entrée, j'aperçois Pony sous les arbres :

– Attends, papa, je m'écrie, j'ai encore quelqu'un à te présenter !

Je cours chercher mon ami et l'entraîne avec moi.

– C'est Pony, dis-je à mon père. En

fait, il s'appelle Adrien.

– Ravi de te connaître, dit papa à Pony. N'est-ce pas toi qui as inspiré un portrait à Lili ?

– C'est une œuvre d'art, déclare Pony à papa, avec le ton d'égal à égal qu'il emploie quand il s'adresse aux adultes.

– Rien que ça, mon cher ! s'exclame Cédric O'Ryan. Lili est douée, j'en suis sûr, mais elle a encore une ou deux petites choses à apprendre avant de voir ses œuvres accrochées dans un musée ! En tout cas, elle est soutenue par ses amis, c'est le principal.

Il s'engouffre dans sa voiture :

– Passez une bonne nuit. Demain les cours reprennent. À demain, Lili !

Au moment où il sort du parking, mon père croise la voiture de madame Marquin-Dutois, qui ramène ses filles à l'école. Ça tombe bien : je n'avais pas envie de présenter à mon père Héloïse, peste en seconde, et Mybel, peste dans ma classe ! La voiture s'immobilise. Mybel en descend avec l'une de ses fans, la Myblette N° 1. J'ouvre des yeux ronds : toutes les deux sont déguisées en… je ne sais pas trop quoi ! Elles portent un costume plein de dentelles **jaune pous-**

sin, de rubans **rose cochonnet** et de nœuds-nœuds **bleu sardinette**. Elles se chuchotent des trucs et passent devant Pony et moi sans nous jeter un regard. Je dis à Pony :

– Elles sortent d'un goûter déguisé ou quoi ?

Pony me regarde, amusé :

– Mais non, patate, elles ont viré

kawaii pendant les vacances !

Devant mon air ahuri, Pony m'explique : *kawaii* est un mot japonais que l'on peut traduire par « mignon, bébé, chou ». La mode kawaii consiste à s'habiller de vêtements de couleur tendre, en usant et abusant des dentelles et des accessoires coquets.

– Il y a des attitudes kawaii aussi. Par exemple, mettre les pieds en dedans ou le doigt dans la bouche pour imiter un enfant de CE2, ajoute Pony.

– Tu en sais des choses ! je m'exclame.

Je quitte ce puits de science et je cours porter la nouvelle à Karima.

– Tu ne sais pas la dernière ? Je viens de voir Mybel et Myblette N° 1 habillées en kawaii !

J'attends que Karima me demande de quoi il s'agit. Au lieu de ça, elle lève les yeux au ciel :

– Pff, elles n'ont rien d'original ; on ne voit que ça, à Londres !

Décidément, j'ai tout à apprendre.

Karima ajoute :

– Tu crois que Mybel aura le culot d'aller comme ça en classe ?

Mybel a bien des défauts, sauf celui de manquer de culot. Le lendemain matin, elle arrive en cours en costume kawaii, et toutes ses Myblettes avec. Toutes ? Non. La Myblette N° 3 est vêtue normalement. Mais elle a toujours été la moins coquette de la bande.

Monsieur Carlo, notre professeur principal, ouvre la porte de la classe :

– Entrez, nous dit-il.

Karima et moi nous faufilons derrière les kawaii pour entendre ce qu'il va dire. Monsieur Carlo sursaute en les voyant :

– C'est une plaisanterie ? demande-t-il à Mybel.

Mybel soutient son regard. Et répond :

– Non, *Signore*[5]. Mes amies et moi sommes entrées dans l'univers kawaii.

Les élèves ont cessé de papoter ; la classe retient son souffle. Mybel et monsieur Carlo se fixent comme deux serpents, chacun essayant d'hypnotiser l'autre. Monsieur Carlo réplique :

– Sauf mon respect pour le Japon, vous avez l'intention de travailler ainsi ?

Mybel fait un oui ferme de la tête :

– Oui, *Signore*.

5. *Signore* (en italien) : monsieur. Monsieur Carlo est italien et aime qu'on s'adresse à lui de cette façon.

Notre prof conclut d'un ton sec :

– Fort bien. Nous en reparlerons ce soir chez Madame la directrice. Allez vous installer.

Notre professeur nous invite à étaler sur nos tables ce que nous avons collecté pendant nos vacances : tickets, étiquettes de produits, napperons en papier, programmes de spectacles, cartes… tout ce que nous trouvions intéressant. Il déclare :

– Vous avez noté dans un carnet les points forts de vos vacances, comme je vous l'avais demandé. Vous allez maintenant réaliser un recueil artistique et mettre vos documents en relief. Je vous apprendrai deux techniques de base. Avec l'origami – un art qui nous vient du Japon – vous pourrez effectuer des pliages, en forme d'animaux ou d'objets, par exemple. Vous pourrez également plier vos documents de façon à ce qu'ils surgissent de la page où vous les collerez, et parfois même produisent un mouvement : ce procédé s'appelle un pop-up.

La classe écoute dans un silence concentré.

– Vous comprendrez en le faisant, nous rassure monsieur Carlo. Vous viendrez par petits groupes dans l'atelier explorer les différentes possibilités.

Pony me pousse du coude. À mon tour, je pousse Karima du coude : Mybel et les Myblettes ont toutes pris la pose kawaii, grands yeux de biche et index entre les dents de devant…

LE MOMENT DE VÉRITÉ

– Devine ce que veut dire « kawaii » ! je demande à papa.

Nous sommes l'un en face de l'autre dans le salon-bar de l'auberge, après ma journée épuisante de rentrée. J'ai pris un diabolo framboise et papa, une bière irlandaise **noir goudron**.

– C'est une fille, répond-il, ou un garçon, qui se prend pour une poupée et met des habits pleins de froufrous[6]. Très en vogue au Japon.

Je manque avaler ma paille. Même papa est au courant !

6. Froufrous : ornements – volants, dentelles – sur un vêtement féminin.

– Ne fais pas cette tête, rigole mon père. Je l'ai lu il y a cinq jours dans le magazine qu'on donne dans l'avion.

Il me regarde d'un air soupçonneux :

– Tu n'as pas l'intention de te couvrir de fanfreluches ? Je te préviens, si tu fais ça, moi, je me déguise en pingouin.

Je hausse le menton, vexée :

– Non, ce sont des filles de ma classe qui font ça. Tu me dois un gage pour avoir pensé que je pouvais être futile.

Mon père sourit :

– *Fair enough*[7] *!* dit-il. Que dois-je faire ?

Je croise les mains sous mon menton :

– Tu dois m'écouter sans m'interrompre, dis-je, sérieuse.

– Vas-y.

Je prends une grande inspiration.

7. *Fair enough* (en anglais) : d'accord.

– Maman est venue ici, à l'École Dalí, lors d'un défilé, il y a une quinzaine d'années.

Papa s'agite sur son fauteuil. Je l'arrête en posant un doigt sur ma bouche. Je continue :

– Depuis que je suis au collège, j'ai fait la connaissance d'une amie de maman, Julia. Tu l'as toi-même rencontrée hier soir au pré. Maman ne t'a jamais parlé de Julia ?

Mon père écarte son verre de bière, se penche en avant.

– Si, dit-il. Liliana travaillait avec elle dans un haras, avant que ce type remarque ta mère et qu'elle devienne…

Il s'interrompt. Je dis :

– Mannequin, c'est ça ?

Mon père prend un air choqué. Je soupire :

– Arrête de te faire du souci pour moi, *daidi*. Je suis grande. Assez pour savoir que maman a été un modèle à succès, que sa vie était stressante, qu'elle ne mangeait presque plus rien et qu'elle s'est droguée pour tenir le coup !

C'en est trop pour mon père. Il jaillit de son fauteuil et va contempler la vue à la fenêtre. Quand il vient se rasseoir, je dis doucement :

– Tu sais, Pony ; eh bien, ses parents sont morts dans un accident de voiture, avec sa sœur. Et ses grands-parents ont jeté son ours en peluche[8].

Mon père ouvre des yeux horrifiés. Je continue :

– La vie des enfants n'est pas toujours douce, tu vois. Maman, au moins, je suis sûre qu'elle est vivante. Et je vais la retrouver, foi de Lili O'Ryan.

Papa saisit sa tignasse rousse des deux mains. Il murmure qu'il a toujours

8. Voir le tome 4 dans la même collection, *Un cheval pour ami*. Pony y raconte que, orphelin, il a été élevé par des grands-parents aimants, mais pas très proches de lui.

redouté ce moment et qu'il était censé arriver bien plus tard. Je lui demande de me raconter maman, et comment s'est passée leur rencontre à tous les deux.

– Depuis que je suis en âge de parler, chaque fois que je t'ai posé une question sur maman, je lui dis pour finir, tu es resté muet. Ça ne peut plus durer, *daidi !*

Mon père se lève et m'entoure les épaules :

– OK, *clever girl* [9]. J'ai besoin de digérer la situation, mais je te dirai ce que tu veux savoir. Pour l'instant, allons dîner.

9. *Clever girl* (en anglais) : fille intelligente, futée.

UNE HISTOIRE D'AMOUR

Les cours ont repris depuis quatre jours. Mybel et ses Myblettes – ou devrais-je dire Kawaii et ses Kawayettes ? – portent toujours leurs tenues extravagantes en classe. Monsieur Carlo ne dit plus rien.

À midi, au self, Karima et moi déjeunons avec nos amies de troisième, les Trois Quatre[10]. Je m'écrie que je paierais cher pour savoir comment Mybel a convaincu Marion Jab de la laisser s'habiller en kawaii en classe. Fatou tend sa

10. Voir le tome 2 dans la même collection, *Alerte, pestes au collège !* Les Trois Quatre sont appelées ainsi depuis une plaisanterie du prof de musique : « Deux noires et une blanche, ça fait quatre temps ! »

paume vers moi et me fait un clin d'œil :

– Combien es-tu prête à payer ? Nous avons la réponse !

Il se trouve que la quatrième des cinq sœurs Marquin-Dutois est en troisième avec Mélissa, Camélia et Fatou. Elle s'habille elle aussi en kawaii, mais seulement le week-end. Elle était toute fière de répéter aux élèves de sa classe les arguments de sa petite sœur.

– Qu'est-ce que Mybel a raconté à la directrice ? demande Karima.

– Qu'elle est dans une école d'art, répond Fatou, et qu'il est normal qu'elle fasse des expériences artistiques, y compris sur elle-même !

Nous pouffons toutes de rire. Je ris encore toute seule en y repensant,

quelques instants plus tard, aux toilettes. Je dresse l'oreille. Dans le cabinet qui jouxte le mien, une fille, au contraire, sanglote. J'attends quelques secondes et je murmure à son adresse :

– Il y a quelque chose qui ne va pas ?

Les sanglots s'arrêtent. La fille demande : « C'est qui ? » Je reconnais la voix de la Myblette N° 3.

– C'est Lili !

N° 3 se remet à sangloter. J'hésite, puis je lui dis :

– Écoute, je devrais t'en vouloir de m'avoir espionnée pendant les vacances, mais c'est plus fort que moi : quand quelqu'un pleure, je dois l'aider. Tu ferais mieux de me confier ce qui ne va pas !

N° 3 finit par ouvrir la porte. Son visage fait peine à voir : fripé, les yeux bouffis, couleur **fraise écrasée**. Elle m'explique que Mybel l'a exclue du club Kawaii. J'en reste bouche bée. Je suggère :

– Écoute, si Mybel ne veut plus de toi dans son miniclub, ce n'est pas si grave ; il te reste les trois quarts de la classe !

– Mais, t'es pas au courant ? fait N° 3 en reniflant. La plupart des élèves ont déjà commandé leur costume de kawaii sur Internet ou l'ont demandé à leurs parents. Mybel est devenue leur reine !

Elle se remet à pleurer :

– Moi, je ne peux pas, mes parents ne gagnent pas assez pour me payer ça, et d'ailleurs, j'aurais honte de le leur demander !

Sa dernière phrase me la rend sympathique. J'entoure de mes bras N° 3, dont le vrai nom est Jade.

Je lui tapote le dos en chantonnant comme me faisait ma nounou Zina :

– *Ninni ninni ya moumou, Hata itib' achat oummou...*[11] !

La berceuse fait son effet. Jade devient toute ramollie. Puis elle se recule, l'air épouvanté.

– Qu'est-ce qu'il y a encore ? je demande.

– Tu vas me haïr ! s'écrie-t-elle.

À sa demande hier, la directrice lui a donné rendez-vous pour ce soir. C'est Mybel qui a exigé qu'elle demande à voir Marion Jab. Elles devaient y aller ensemble et me dénoncer parce que j'ai monté Soleil pendant les vacances. Et maintenant, Mybel l'a laissée tomber !

Je parle avant même de réfléchir :

11. Berceuse marocaine : Dors, dors mon bébé/ Jusqu'à ce que le repas de maman soit prêt.

– J'irai avec toi, moi.

Jade ne sait plus où se mettre tellement elle a honte.

– Mais, qu'est-ce que je vais dire ? gémit-elle.

– La vérité ! je réponds.

***

Quelques heures plus tard, nous exposons les faits à Marion Jab. J'avoue que je n'ai pas pu m'empêcher de monter Soleil, tout en sachant que je ne devais pas le faire. Jade reconnaît qu'elle m'espionnait sur l'ordre de Mybel afin de trouver quelque chose à redire sur moi.

La directrice, exquise dans son chemisier **vert bambou**, nous écoute sans mot dire. Je remarque des cernes sous ses yeux. À la fin, elle nous dit d'un ton patient :

– Je ne sais pas ce qui se passe dans cette sixième, mais c'est un défilé d'élèves cette semaine dans mon bureau. Alors, pour vous deux, on va dire : « Un partout », d'accord ? Comme sanction, je vous ordonne de bien vous entendre. Allez, filez !

Nous ne demandons pas notre reste. Karima nous attend dans le hall.

– Alors ? lance-t-elle.

– Tout va bien ! répond Jade.

Son sourire doit être le premier de la journée. Elle se tourne vers moi :

– Tu as été vraiment sympa, Lili, je ne l'oublierai jamais. Mais, quand je pense à tout ce que Mybel dit sur toi...

Karima tend le cou, curieuse comme une chèvre :

– Qu'est-ce qu'elle dit sur Lili ?

Jade hésite. Je la rassure :

– Tu peux le dire ou non, ça m'est égal, de toute façon.

Jade se lance :

– Il vaut mieux que tu saches. Elle dit que tu ne sais pas qui est ta mère, que tu es une rousse qui pue, que tu as une tête de sorcière avec tes taches de rousseur. Que tu n'en fais qu'à ta tête et que, au lieu de te punir, les adultes t'offrent tout ce que tu veux sur un plateau !

Les larmes me montent aux yeux. Que Mybel parle de mon caractère impulsif, d'accord. Que j'aie obtenu des avantages, c'est vrai. Mais s'attaquer à ma mère, à la couleur de mes cheveux ou de ma peau, c'est immonde. Karima explose :

– C'est Mybel, la sorcière ! s'écrie-t-elle.

Je sens une main presser la mienne. Jade murmure :

– Je suis désolée, Lili.

Cette fille a bon cœur quand elle n'est pas sous la coupe de Mybel ! Juste à ce moment-là, cette dernière déboule dans le hall avec ses Myblettes. Elle arrive droit sur moi et siffle :

– Tu regretteras d'avoir récupéré Jade !

Elle nous tourne le dos avant que nous ayons eu le temps de piper mot.

J'en reste sans voix. Comme si Jade était un crayon ou une trousse !

***

Le soir, quand je me retrouve avec papa au salon de l'hôtel, lui devant sa bière couleur **goudron** et moi devant mon diabolo framboise, je lui demande s'il a eu des problèmes dans sa vie parce qu'il est roux. Cédric O'Ryan fait entendre un petit rire.

– En Irlande, jamais, répond-il. On ne crie pas « Ah, la girafe ! » dans un pays plein de girafes. Mais en arrivant en France, j'ai découvert des choses passionnantes : que je puais, que roux c'était pas viril pour un garçon, que d'ailleurs je rougissais comme une fille, et je ne sais quoi encore.

Mon père pointe la cicatrice sur son arcade sourcilière :

– Tu sais déjà que je me suis ouvert le front en me battant quand j'étais jeune et idiot. Mais ce que je ne t'ai pas dit, c'est que le type m'avait traité de sale roux et de fils de sorcière.

Mon père boit une gorgée de bière ; il essuie d'un revers de main la mousse sur sa lèvre supérieure.

– Depuis, je me suis calmé, ajoute-t-il. Si on devait se battre avec tous les crétins qu'il y a sur la terre !

Je sirote mon diabolo sans rien dire. Papa me saisit le menton :

– Qui t'a traitée de rousse à l'École

Dalí ? *Go on, miss O'Ryan, spit it out*[12] *!*

Je réponds en fixant mon verre :

– Celle qui s'habille en kawaii.

– Raconte ! dit mon père.

Je m'exécute. Cédric O'Ryan se frotte le menton.

– Cette fille est jalouse, dit-il. Elle essaie de te dévaloriser vis-à-vis des autres.

– Je sais, *daidi,* je soupire… Qu'est-ce que je peux faire ?

– Rien du tout, répond mon père. Tu la traites par le mépris.

Il balaie le problème Mybel d'une main énergique. Il se penche vers moi :

– J'ai réfléchi à ce que tu m'as dit l'autre jour, me dit-il. Tu es une fille courageuse et responsable. Je suis prêt à te parler de ta mère.

12. *Spit it out, miss* (en anglais) : vas-y, mademoiselle, crache le morceau !

Nous fêtons ce grand moment un peu plus tard, au restaurant de l'auberge. Moi devant un poulet frites, et papa humant une daurade grillée au fenouil. Il me raconte le coup de foudre qui les a frappés ma future mère et lui, un jour d'été, dans un aéroport lointain. Tous deux attendaient leur avion à destination de Paris.

– J'ai été attiré vers elle comme par un aimant, se souvient mon père. Je me suis assis à la place libre à côté d'elle, et je lui ai fait une plaisanterie sur les roux, justement. Un truc idiot du genre : que deux roux ensemble allaient peut-être détourner la tempête qui nous empêchait de décoller ! Liliana a ri, me raconte mon père, mais son rire n'allait pas jusqu'à ses yeux.

Le jeune reporter sentait la fragilité de cette fille, et pourtant, derrière cette fragilité se dessinait une personne décidée et pleine de soleil. Tous les deux se sont vite découvert des intérêts communs.

– Je me suis débrouillé pour être à côté d'elle dans l'avion, continue mon père. Nous avons parlé sans nous arrêter pendant les douze heures de vol jusqu'à Paris !

Six mois après, ils étaient mariés. Je suis née l'année suivante. Quand j'ai eu 2 ans et quelques mois, mon père a trouvé la maison vide en rentrant de reportage. Liliana lui avait téléphoné le jour même en lui disant qu'elle l'aimait. Elle m'avait confiée à une gentille voisine, qui l'a vue traverser la cour avec sa valise à la main.

– Mais pourquoi elle est partie ? je demande à mon père. Elle ne t'a laissé aucune explication ?

Il me considère en silence, l'air grave.

– Je l'ai cherchée partout en vain, me dit-il. L'enquête était quasi impossible. Je n'avais l'adresse d'aucun de ses amis ou de sa famille ; elle avait coupé les ponts avec eux en m'épousant. Elle me disait être heureuse de porter un autre nom, et qu'on ne puisse pas la retrouver. Elle voulait éviter à tout prix d'être sollicitée pour de nouveaux contrats de mannequin.

– Mais elle vit quelque part ! je m'écrie. On peut la retrouver.

– Je ne sais pas… hésite mon père. Elle a sûrement refait sa vie.

Son air indécis me trouble ; cela ne lui ressemble pas, lui qui aime foncer et prendre des risques.

– Et alors, ça n'empêche pas qu'elle nous aime, je dis. Je le sens, et Soleil aussi !

Mon père sourit. Il me confie que depuis que je lui ai parlé de Julia, il est allé la voir et qu'ils ont évoqué Liliana.

Demain, il a également rendez-vous avec monsieur Carlo. Mon professeur principal évoquera peut-être sa rencontre d'autrefois avec ma mère…

Ce soir-là, quand il me raccompagne, mon père me serre très fort dans ses bras. Je lui murmure à l'oreille qu'il a été un super-papa pendant toutes ces années.

Chapitre 5

L'ART À LA PLAGE

Ce vendredi, une dizaine de filles et de garçons dans la classe ont reçu leur tenue de kawaii… et ils la portent !

Mybel a mis sa menace envers moi à exécution. J'ai trouvé ce matin une image de sorcière pleine de verrues glissée sous la porte de ma chambre. Cela ne peut venir que d'elle ! Tandis que je petit-déjeune au self, un garçon kawaii dépose à côté de moi la photo d'un renard, la

patte prise dans un piège. Je le regarde et je comprends l'allusion. Quand je relève la tête, indignée, le kawaii me reprend la photo des mains en disant qu'il l'a laissée tomber là par erreur !

Nous commençons la journée par le deuxième cours d'EPS de la semaine. Mardi dernier, la prof a manqué avaler son ballon en voyant arriver au gymnase Mybel et ses Myblettes en kawaii. Elle a déclaré que ceux qui ne portaient pas de tenue de gym ne seraient pas acceptés dans son cours.

À part Rafaël, le snob de service, qui a obtenu une dispense de sport de ses parents, les autres kawaii se retrouvent donc dans les vestiaires pour revêtir leur tenue de sport, comme tout le monde. Côté filles, Mybel arrive en s'adressant bien fort à sa petite cour :

– Ça pue dans ce vestiaire !

J'ai envie de répondre qu'elle a raison, il y a une mauvaise odeur depuis son arrivée. Mais je suis le conseil de papa : je continue à lacer mes baskets en faisant la sourde.

Mybel s'approche de moi :

– C'est elle qui pue, avec sa peau de sorcière ! s'écrie-t-elle de sa voix maniérée, en me désignant.

Jade a bien fait de m'avertir ; ma tristesse est passée. Je saisis mes chaussures et les agite sous le nez de la peste :

– Respire à fond, alors, dinde enrubannée !

– Minable ver de terre, crie Mybel, gare à mon bec, la dinde te gobera tout cru !

Karima intervient :

– Ferme-le plutôt, ton bec !

Mybel la toise :

– Toi, la gardienne de chameaux, retourne sous ta tente !

Karima pousse un cri de rage quand la prof d'EPS fait irruption :

– Qu'est-ce qui se passe ici, on vous entend crier jusqu'à Pampelune !

Elle prononce Pame-peulune parce qu'elle est du Sud-Ouest. Elle ordonne :

– Celles qui sont en tenue, dehors ! Les autres, vous avez cinq minutes pour vous changer. Zou !

Pendant le cours d'EPS, les kawaii font des gestes normaux : peut-être parce qu'ils sont en survêtement ?

Après la gym, je déjeune au self à toute vitesse. J'ai rendez-vous au téléphone avec Bouddha, mon meilleur ami chez moi, à Fleurville. Je lui décris les kawaii. Bouddha, amusé, prédit :

– Avant un mois, je te parie, ils seront tous revenus à la normale.

Je lui raconte ce que mon père m'a

révélé au sujet de ma mère. Mon ami me demande comment il explique son départ. Or mon père a évité la question, c'est donc qu'il n'a pas la réponse ! Silence au bout du fil.

– Bouddha, tu es toujours là ?

Mon ami me dit lentement :

– Ou alors il la connaît… Mais il a une bonne raison de ne pas en parler.

Je fronce les sourcils. Je revois l'attitude flottante de mon père. Et si Bouddha avait raison ? J'ai du mal à écouter ce qu'il me dit ensuite.

– Fais-toi confiance. Tu retrouveras ta mère, j'en suis sûr. Tu as déjà fait un sacré chemin ! conclut Bouddha avant de raccrocher

Je quitte ma chambre en me sentant

plus forte ; parler avec Bouddha me fait toujours cet effet.

Au début de l'après-midi, deux heures sont consacrées au choix des pliages pour notre carnet artistique. Jade nous demande, à Karima et moi, si elle peut travailler avec nous. Karima lève les yeux au ciel à son insu. Je la supplie d'un clin d'œil d'être sympa.

– Je ne trouve pas d'idée, gémit Jade.

– Dis donc, proteste Karima, on ne va pas faire ton boulot à ta place !

– Allez, montre-moi ce que tu as, je dis à Jade.

Jade sort son matériel pour réaliser un origami : trois feuilles mortes et le ticket d'un spectacle offert aux élèves qui restaient au collège pendant les vacances.

– C'est tout ce que tu as ? je demande, effarée.

Jade fait des yeux de chien battu. Je comprends : elle était si occupée à m'espionner sur l'ordre de Mybel qu'elle n'a pas pensé à elle-même ! Je défais l'élastique de mes cheveux et, tout en me recoiffant, je lui demande de définir ses vacances en trois mots.

– Ennui, ennui, ennui, souffle Jade.

– Eh bien, il ne te reste plus qu'à chercher du matériel qui pourra exprimer cela !

Un peu plus tard, le visage de Jade s'éclaire. Elle me dit :

– Lili, tu es géniale. Je vais prendre uniquement du papier gris. Je ferai le même pliage à chaque page, sans cesse répété. Cela exprimera la monotonie des jours !

J'avoue que c'est gonflé, comme idée.

Karima lance à Jade un regard envieux. Elle se débat avec son matériel rapporté de Londres. Elle en a trop ; elle n'arrive pas à choisir ce qu'elle va plier. De mon côté, je suis contente de ce que

j'ai, mais j'hésite sur le pliage qui mettrait le mieux en valeur chaque élément.

Le cours de français est une vraie bouffée d'air. La prof nous lit des poèmes. Chacun doit ensuite écrire le sien, à propos d'une sensation physique ressentie pendant ses vacances. Je prends plaisir à mettre en mots mon bonheur à m'occuper de Soleil.

Quand la sonnerie retentit, je file avec Karima prendre nos sacs de voyage dans notre chambre. Nous cueillons Pony dans le hall et rejoignons papa qui nous attend sur le parking. Nous allons au bord de la mer, en Normandie, pour le week-end !

Nous sommes invités par Mikaël, le photographe qui a accompagné mon père en Syrie. En dehors de son reportage pour la télé, papa écrit un livre avec Mikaël sur les enfants syriens séparés de leurs parents.

***

La maison de notre hôte donne sur un petit port de pêche. Des falaises impressionnantes tombent raide sur la plage. Mikaël nous envoûte en nous racontant les aventures d'Arsène Lupin, un cambrioleur charmant qui cachait son butin dans les falaises. Mikaël nous course aussi sur la plage en brandissant des algues humides. Parfois, on lui donnerait plutôt 13 ans que 35 ; dans ces cas-là, Karima et moi faisons les folles avec

lui. Pony, lui, préfère contempler l'océan avec mon père.

Le samedi et le dimanche passent trop vite. La seule chose qui me console, c'est que Mikaël repart avec nous. Il passera la semaine au village avec papa pour continuer leur travail.

Chapitre 6

MIGNONS, LES KAWAII ?

Pendant le week-end, de nouvelles panoplies kawaii ont été livrées par les familles : ce lundi, nous ne sommes plus que huit dans la sixième à être habillés normalement ! Au cours d'art, les rubans trempent dans la colle et les pinceaux s'accrochent aux dentelles ; les kawaii prennent autant de temps à rectifier leur costume qu'à se pencher sur leur carnet. Ils se parlent à voix basse, comme si nous, les pauvres autres, n'existions pas. Cela met une ambiance bizarre dans la

LITTLE FASHION GALLERY SCHOOL
PARIS

classe… Je sens monsieur Carlo bouillir intérieurement !

Mybel et quelques kawaii froncent le nez chaque fois qu'ils passent près de moi, signifiant ainsi que je pue. Je reste de marbre ; mais je rate tous mes pliages les uns après les autres, grrr !

Je retrouve ma bonne humeur au self. Karima, Pony, Jade et moi, nous rejoignons les Trois Quatre à leur table. Fatou nous fait une imitation des kawaii à nous faire rouler sous la table. Parfois, on se demande pourquoi elle n'est pas dans une école de théâtre !

L'après-midi, au cours de SVT, j'entends chuchoter dans mon dos « Rousse qui pue ». J'ai du mal à écouter la prof ; pourtant j'adore les SVT. Je tourne la tête et je vois la Myblette N° 2 chantonner, le corps allongé sur le bureau derrière moi pour être plus proche. Dans la seconde qui suit, un glapissement retentit. La Myblette N° 2 se plaint que j'ai fait tomber sa trousse en fouettant sa table avec « ma touffe de cheveux carotte » !

La prof de SVT déteste les histoires de chipies. Elle ordonne à la Myblette N° 2 de se calmer et de ramasser sa trousse. Ça n'empêche, « la touffe de cheveux carotte » me reste en travers de la gorge.

À la fin des cours, mon père me propose d'emporter mon goûter dans la forêt. Nous marchons sans rien dire jusqu'au soir tombant, appréciant le bruit du vent et les odeurs de l'automne. Je me sens mieux.

Mikaël nous attend à l'auberge. Il plaisante pendant le dîner sur la vogue des kawaii. C'est un sujet intéressant pour un photographe, mais il a autre chose en tête depuis qu'il m'a vue.

– J'attendais que nous soyons tous les trois pour en parler, dit-il.

– C'est quoi ? je demande.

Mikaël jette un coup d'œil à mon père.

– Tel que je connais Cédric, il va se rebeller, dit-il avec une grimace.

Mon père hausse un sourcil interrogateur.

– J'ai essayé de photographier ton père, dit Mikaël en s'adressant à moi, il n'a jamais voulu. La couleur de ses cheveux me fascine… mais les tiens m'hypnotisent carrément !

Mikaël saisit une de mes mèches entre le pouce et l'index :

– Comment appelle-t-on cette couleur, demande-t-il, **melon glacé** ? **Sirop d'ananas-framboise** ?

Je ris. Mon père agite son index devant le nez de Mikaël :

– Je te vois venir avec tes gros sabots, dit-il à son ami, tu veux photographier ma fille. *No way*[13] !

Une vive discussion naît entre eux. Mon père refuse que sa fille pose pour des photos. Mikaël répond que mon père est vexant, comme s'il ne connaissait pas le style de son travail. Il ne fait pas de la photo pour vendre des yaourts, voyons ! Quand il est captivé par un sujet, il a besoin de le prendre en photo et de

13. *No way !* (en anglais) : il n'en est pas question !

chercher ce qui fait son mystère. C'est une quête personnelle !

Cédric O'Ryan prend un air buté que je connais bien. Mikaël lance sa dernière flèche :

– Écoute, dit-il à mon père, je veux comprendre ce phénomène. Pourquoi sommes-nous tous aussi fascinés par les roux ? Tu t'es plaint toi-même que Lili se faisait traiter de rousse à l'école.

Mon cœur fond en entendant cela. Si papa a parlé de mes ennuis à Mikaël, c'est qu'ils lui donnent plus de soucis qu'il ne le montre. C'est tout papa, ça ! Mikaël passe la main dans ses cheveux très fins, qui restent dressés comme une crête de coq. Je m'écrie :

– J'aimerais bien que tu me prennes

avec Soleil ; j'aurais de belles photos à envoyer à Zina !

Mon père nous regarde :

– C'est un complot ! soupire-t-il.

Il ajoute pour Mikaël :

– Je te donne mon autorisation. Uniquement parce qu'il s'agit d'une quête personnelle.

***

Mikaël me prend en photo le mercredi suivant. J'ai demandé l'autorisation à Julia qu'il nous rejoigne aux écuries. Mikaël propose à Julia de prendre une photo d'elle avec les chevaux, mais elle refuse. Elle n'a jamais aimé poser ; encore moins depuis que son amie Liliana, ma mère, a été malheureuse dans son métier de mannequin. Je la comprends ; mais pour moi les choses sont différentes. Mikaël est un ami ! Il tient compte de mes avis, écoute mes propositions, et nous faisons des essais. C'est un jeu. Soleil, lui, ne se montre pas coopératif ;

il prend un malin plaisir à baisser la tête devant l'appareil ! Heureusement, Mikaël a eu affaire à d'autres sujets difficiles dans sa carrière de photographe…

Mon père vient me chercher quand nous avons fini. Comme d'habitude, il m'emmène goûter dans la forêt. Il fait beau ; nous savourons le plaisir de nous promener ensemble. Je romps le silence :

– Tu n'as pas demandé à Mikaël de te montrer les photos !

Papa se racle la gorge, mais ne dit rien. Je lui presse la main.

– Tu as peur que ça te rappelle de mauvais souvenirs, c'est ça ?

– C'est ça, répond mon père.

– Eh bien, je suis fière de toi, papa, je lui dis. Tu es courageux d'avoir quand même dit oui à ton ami !

Mon père émet un grognement amical. Je continue :

– Je me suis bien amusée. Tu sais quoi ?

Cela m'a donné des idées. Pas d'être mannequin ! Mais de faire de la photo.

Je fais pivoter papa et le positionne face à moi.

– Tu as devant toi Lili, future grande artiste, je déclame. Fais-moi tourner !

Mon père pousse un « Yippie » très irlandais. Il me prend sous les bras et me fait tourner à grande vitesse, comme quand j'étais petite. Le nuage qui planait au-dessus de nous a disparu…

***

Le jeudi matin, je trouve une idée de pliage géniale pour le début de mon carnet. La tête de Soleil surgira en trois dimensions quand on ouvrira la première page !

Karima est excitée, elle aussi. Elle a de quoi faire alterner pliages à dominante rouge et pliages à dominante bleue dans son carnet, ce qui rappellera le drapeau britannique. En sortant du self avec elle, j'aperçois Pony dans le hall :

– Où étais-tu ? je lui demande. On t'a cherché pour déjeuner avec toi !

Pony nous entraîne dans le jardin, parmi les arbres qui bordent le bâtiment. Il n'a pas déjeuné.

– Quand je suis arrivé dans la file du self, explique-t-il, la Myblette N° 1 était accroupie près des cartables rangés contre le mur. Son geste n'était pas naturel, ça a attiré mon attention. J'ai regardé mieux : elle prenait ton carnet dans ton cartable !

Karima et moi agrippons le bras de Pony ; il continue :

– Elle est montée à l'étage des filles. J'ai attendu un peu. J'y suis allé à mon tour. J'ai entendu des voix derrière une porte et j'y ai collé mon oreille.

– Alors ? je m'écrie.

– Ils étaient au moins sept ou huit là-dedans, raconte Pony. J'ai reconnu les voix de Mybel et de ses copines, plus ce snobinard de Rafaël et son ami Kébir. Ce soir à minuit, les kawaii feront une cérémonie anti-Lili à la cuisine. Ils brûleront ton carnet !

Un sang **rouge incendie** envahit mes joues.

– S'ils touchent à un poil de mon Soleil en pop-up, je fais un malheur ! je m'écrie.

Karima se tapote la tempe :

– Ils sont vraiment frappés ! Il faut passer à l'action !

Nous décidons de tenir un conseil de guerre à 16 heures.

Le cours de maths se termine sans que j'aie écouté un mot. Au cours d'anglais, je réponds comme un robot. Quand, enfin, je ferme la porte de ma chambre sur notre trio de conspirateurs, la sonnerie de mon portable retentit :

– Ma Lili, je dois faire un saut en ville, me dit mon père. C'est Mikaël qui va venir te chercher pour le goûter.

Je raccroche. Et si nous faisions notre réunion avec Mikaël ? Il comprend le point de vue des enfants. Pony est perplexe. Karima, elle, est enthousiaste !

Mikaël arrive, nous l'emmenons à la boulangerie du village. La boulangère est une amie depuis le défilé d'Halloween[14]. Elle nous invite à manger des gâteaux dans sa cuisine, à l'étage. Elle ordonne même à Mikaël de nous faire un chocolat chaud. Lorsque chacun a devant lui sa tasse fumante, son gâteau, et que j'ai tout expliqué, Mikaël déclare :

– Cette sombre affaire me rappelle un épisode très semblable de ma vie à l'internat. Certains élèves avaient organisé une réunion secrète dans le but de nuire à un type sympa, intelligent et populaire dont ils étaient jaloux. Or le type en question en a eu vent. Avec ses copains, il a trouvé de quoi saboter leur petite réunion. Ce qu'on s'est amusés, ce soir-là !

14. Voir le tome 3 dans la même collection, *Un défi pour la 6e*.

Karima, Pony et moi échangeons un regard. Mikaël rit :

– Vous avez deviné : le type en question, c'était moi !

Mikaël aspire avec bruit son chocolat. Au bout d'une interminable minute, il annonce :

– Voici ce que je vous propose…

LA REVANCHE DES ZORROUX !

Le quart avant minuit retentit à l'horloge du salon de la vieille maison.

Pony, Karima et moi, plus Jade et les Trois Quatre : nous sommes sept justiciers à descendre sur la pointe des pieds l'escalier qui mène au hall. Nous portons les restes des vieux vêtements collectés lors de la préparation du défilé d'Halloween. Nous avons passé ces vêtements à la couleur **dégueubeurk** ; cela n'a l'air de rien, mais c'est tout un art de réussir un marron immonde avec des traînées caca d'oie par-dessus. Mikaël a passé une bonne heure à nous maquiller le visage et nos cheveux sont cachés sous des bonnets. Nous sommes méconnaissables : on dirait des cadavres frais sortis de la tombe !

Les sept Zorro morts-vivants sortent par la porte-fenêtre du salon. Nous faisons le tour de la vieille maison. Nous entrouvrons sans bruit la porte arrière de la cuisine, que Pony a déverrouillée au préalable à 10 heures du soir. En entrant, une odeur de métal chauffé nous saisit le nez. Une voix maniérée résonne parmi les casseroles :

– … rousse qui n'aurait jamais dû mettre ses pieds de sorcière à l'École Dalí ! Déjà et d'une, elle est entrée à l'école parce qu'elle a triché au grand concours de stylisme[15] ! Secundo, c'est sa proposition qui a été retenue pour le concours des sixièmes alors qu'elle m'avait crié dessus en plein cours ! Tertio, elle est montée à cheval pendant les vacances sans autorisation ! Quarto, elle a annexé Jade !

Une colère-volcan monte en moi. Pony me souffle à l'oreille :

– Ben mon vieux, elle en a gros sur la patate, la vilaine Mybel !

Mon envie de rire me fait retrouver mon sang-froid. À quelques mètres de nous, invisible, Mybel termine :

– Nous allons procéder à la destruction de ce carnet par le feu. Prêts ? Kawaii Nanou, mets le carnet dans la poêle. Kawaii Kébir, file-moi les allumettes.

15. Voir le tome 1 dans la même collection, *Le concours de mode*.

Je compte mentalement jusqu'à trois. À mon signal, nous, les morts-vivants, nous précipitons en hurlant parmi les brûleurs de carnet. Les kawaii s'enfuient à travers la pièce tous froufrous dehors. Nous les poursuivons en chuchotant un « waaaaa » de fond de gorge, pour ne pas faire trop de bruit et qu'on ne reconnaisse pas nos voix. Quand nous coinçons une victime, nous frottons nos haillons fraîchement peints à ses dentelles et nous tirons sur ses rubans. Pour ma part, je me trouve face à Mybel. Je lui fais une horrible grimace et tire un bon coup sur ses anglaises. Depuis le temps que je me retiens !

– Aïïïe ! glapit-elle. Je t'ai reconnue, sale sorcière, tu vas voir !

Elle me fonce dessus, tête baissée.

Je la prends aux épaules pour me dégager. Je ne sais pas laquelle de nous aurait eu le dessus si Karima n'était pas passée à la dernière phase du plan de Mikaël :

– La directrice, crie Karima, sauve qui peut !

Mybel s'enfuit. En un clin d'œil, il ne reste plus aucun kawaii dans la cuisine.

– Dépêchons-nous, dit Pony. La cuisine a beau être loin des chambres des adultes, ils pourraient avoir entendu crier !

Notre bande de justiciers efface soigneusement toute trace de bataille, lave et range la poêle qui a servi au martyre de ma pauvre œuvre d'art. La mission de

Camélia était d'éteindre le feu avec un linge humide. Elle l'a fait tout de suite, mais deux feuilles de mon carnet, ouvert au milieu, ont eu le temps de brûler.

Nous repartons par la porte de la cuisine, sauf Mélissa. Elle se charge de rentrer par le salon et de refermer la porte-fenêtre.

À minuit et quart, les sept Zorros se séparent dans l'escalier. Chacun rentre chez soi se laver au lait démaquillant fourni par Mikaël !

***

Le lendemain matin, Karima, Pony, Jade et moi, nous rions sous cape. Un tiers des kawaii est rhabillé normalement. Ce sont ceux qui n'ont qu'une tenue kawaii, laquelle est tachée de peinture **dégueu-beurk**. C'est injuste ; les kawaii les plus riches s'en sortent avec leur costume de rechange ! Les uns et les autres discutent à voix basse en se querellant ; en revanche, toute la bande est d'accord pour me regarder d'un œil mauvais. J'ai l'impression d'être la seule à avoir été formellement reconnue…

Au cours d'art, en reniflant l'odeur de fumée que dégage mon carnet, j'ai l'idée de coller un pliage représentant un feu sur les pages brûlées. Les flammes se déploient sur les deux pages : c'est du plus bel effet. Cela évoque le feu d'herbes sèches que nous avons admiré avec Pony aux vacances de la Toussaint.

Le soir, je montre mon carnet à mon père, quand nous partons pour notre rituelle promenade en forêt.

– C'est superbe, ma fille, dit-il. Dis-moi, ça continue, les remarques sur ta couleur de cheveux ?

J'agite la main, style « couci-couça ». Mon père passe mon bras sous le sien :

– Je veux te raconter une chose sur ta mère, même si c'est triste, me confie-t-il. Liliana est née à un mauvais moment dans sa famille nombreuse. Son père était malade et il est mort peu après. Ta grand-mère italienne a pris ta mère en grippe ; comme si ce bébé était responsable de la situation ! Il paraît qu'elle lui disait : « Vilaine rouquine, tu es venue tout gâcher dans la famille ! » Tu vois, me fait remarquer papa, même chez les siens, on peut être victime de racisme anti-roux !

Les larmes me piquent les yeux :

– C'est horrible ! je m'écrie. Pauvre maman !

– Oui, renchérit mon père. Liliana a toujours essayé de plaire à sa mère, mais elle n'y arrivait jamais. C'est pourquoi elle est partie très tôt, à 14 ans, en apprentissage chez un éleveur de chevaux voisin. Elle me racontait toujours que, là-bas, elle se sentait bien. Les chevaux écoutaient ses malheurs. Leur chaleur et leur bonne odeur l'apaisaient. Dès qu'elle a été en âge de décider toute seule, elle est partie en France dans un haras. C'est là qu'elle a connu Julia.

Mon père me serre le bras.

– Alors, poursuit-il, quand ce patron d'une agence de mannequins l'a remarquée dans ce haras, ta mère a eu la tête tourneboulée. Quelqu'un la trouvait belle, et encore plus parce qu'elle était rousse. C'est comme si sa mère l'aimait enfin ! Mais plus tard, Liliana a compris qu'elle se faisait exploiter. Ces gens se fichaient d'elle et de sa santé ; ils ne pensaient qu'à gagner de l'argent sur son dos.

Mon père soupire :

– Quand je l'ai rencontrée, j'ai cru que je pourrais la guérir en l'aimant de toutes mes forces. J'ai échoué…

À la façon dont il prononce la dernière phrase, je repense à ce que Bouddha m'a dit. Mon père ne se pose pas de questions sur la raison du départ de ma mère ; c'est comme s'il la connaissait. J'entoure sa taille de mon bras. Et je me promets de découvrir le fin mot de l'histoire.

UN CALME INQUIÉTANT

Le lendemain, le vendredi, une surprise m'attend en classe. Les kawaii, en tenue ou non, semblent d'excellente humeur. Certains même m'adressent la parole comme s'il ne s'était jamais rien passé !

Pony, Karima, Jade et moi, nous échangeons nos impressions sur ce mystère :

– J'ai entendu tout à l'heure dans le couloir une kawaii « en civil » dire à Mybel qu'elle refusait de participer, qu'elle n'avait pas envie d'être virée de l'école, dit Pony.

– Participer à quoi ? demande Karima.

– Je n'en sais rien, réplique Pony. Mais il se mijote quelque chose.

– C'est du Mybel tout craché, déclare Jade. Elle veut te faire croire qu'elle est passée à autre chose et, pendant ce temps, elle organise une vengeance diabolique.

– Dans ce cas, nous devons être prêts à parer l'attaque, dit Karima, les yeux flamboyants.

Nous nous en occuperons plus tard. Pour l'instant, je ne veux penser qu'à profiter de la présence de mon père. Lundi prochain, il rentre à Fleurville. Ce soir, nous partons de nouveau en week-end en Normandie chez Mikaël, avec Pony et Karima : papa tient à terminer son séjour en feu d'artifice.

Après les cours, je traverse joyeusement le hall de la vieille maison avec mon sac de voyage. Dans mon dos, une voix ricane :

– Profite bien de ton week-end, la Chantilly, prends des forces…

Je ne me retourne pas. Ces paroles sont sûrement le fruit de mon imagination !

À suivre dans le tome 6 :

Quelle sera la vengeance de Mybel durement humiliée ?

Lili réussira-t-elle à déjouer les plans de son ennemie ?

Avancera-t-elle dans son enquête pour retrouver sa mère ?

Pour le savoir, rendez-vous au tome 6 de *Lili trop stylée !*

MAINTENANT, À TOI DE CRÉER !

Une tête de cheval en origami

Il te faut :

1 paire de 

plusieurs 

1  de papier A4

Étape 1 : Fais un carré avec la feuille de papier A4. Puis, colorie une face de la couleur de ton choix.

Étape 2 : Suis les pliages du dessin.

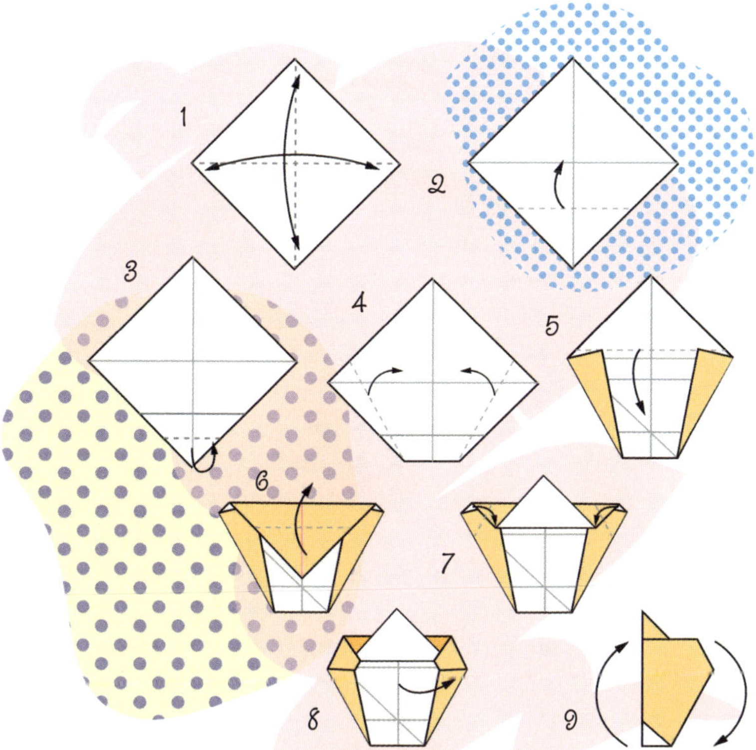

Étape 3 : Dessine les yeux et le museau de ton cheval.

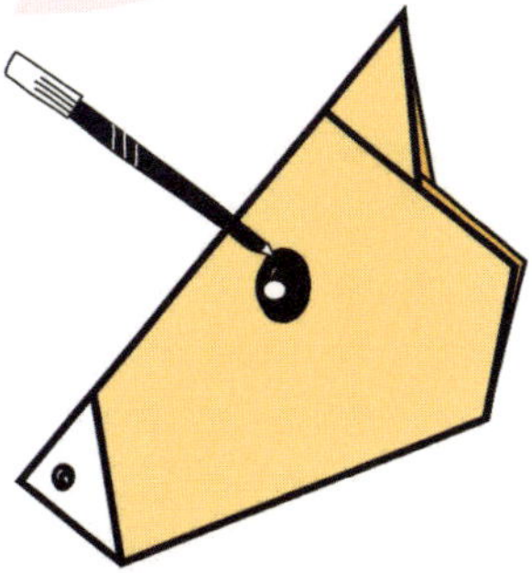

MAINTENANT, À TOI DE CRÉER !

Il te faut :

Étape 1 : Choisis ton dessin préféré.

Étape 2 : Dessine-le sur l'accessoire de ton choix.

Lili trop stylée !

Pour créer un roman
tel que *Lili trop stylée !*
il faut le talent conjugué
d'un auteur et d'un illustrateur.
Découvre celles qui ont imaginé
et dessiné notre héroïne préférée.

Claire Ubac

écrit pour la jeunesse depuis près de vingt ans. Elle a commencé comme rédactrice dans un magazine pour tout-petits et n'a cessé d'écrire depuis. Elle adore raconter. Elle aime les histoires qui ont du sens et les personnages attachants. Ses romans sont comme elle : drôles et tendres.

Avec les aventures de Lili Chantilly, Claire Ubac signe ici sa première série. Un défi excitant pour cette auteure qui aime explorer de nouveaux univers.

Mœmai

est illustratrice de mangas et de bandes dessinées.
Le Japon comme l'Europe sont source d'inspiration pour elle.

Après une première publication jeunesse et un manga intitulé *Lost Soul*, elle s'applique à imaginer des univers entre rêve et réalité pour faire voyager ses lecteurs.

Miranda Yeo

est une illustratrice au style unique.
Elle réside en Ontario, au Canada et aime dessiner une variété de personnages, surtout des êtres fantastiques comme les elfes.

Miranda a suivi des cours sur l'animation au Sheridan College à Oakville et a travaillé pour une variété de sociétés comme Nickelodeon, Disney Junior et Mattel.

Lili trop stylée !

Retrouve toute la collection !

Tome 1

Le concours de mode

Lili adore dessiner, créer et veut devenir styliste. Mais son père s'y oppose…

Tome 2

Alerte, pestes au collège !

Lili entre en sixième au collège Dalí, une école d'art. Mais la rentréen'est pas de tout repos.

Tome 3

Un défi pour la 6e

Un défi est lancé à la classe de Lili : organiser un défilé de mode !

Tome 4

Un cheval pour ami

Les pestes ne laissent jamais Lili tranquille…

Tome 5

Nouvelle mode chez les 6e

Le père de Lili vient passer quelques jours avec sa fille.

Tome 6

La 6e et le fantôme

De drôles de bruits réveillent les élèves de l'École Dalí en pleine nuit…

Tome 7

L'invitée mystère

Lili est de retour chez elle… où une belle surprise l'attend !

Tome 8

La 6e avance masquée

La classe de Lili participe à un concours d'art.

Tome 9

Voyage à Londres

Lili reçoit le résultat du concours d'art.

Tome 10

Qui se cache au collège ?

Lili appelle enfin sa maman !

Tome 11

Viva España !

C'est bientôt le grand jour, Lili va revoir sa maman !

Tome 12

Cauchemar au collège

À l'École Dalí, rien n'est plus comme avant…

Tome 13

Lili se rebelle

Lili et ses amis organisent la réplique.

Tome 14

À nous Paris !

Lili découvre la capitale…

Tome 15

Petit complot à Rome

Lili part à Rome, en famille…

Tome 16

Jusqu'où va la vengeance

Rien ne va plus à l'École Dalí.

SUIS LES AVENTURES DES KINRA GIRLS

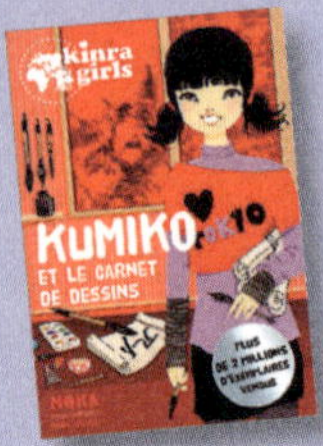

k

i

n

r

a

1

2

3

4

5

6

7

8

9

10

11

12

13

14

15

16

17

18

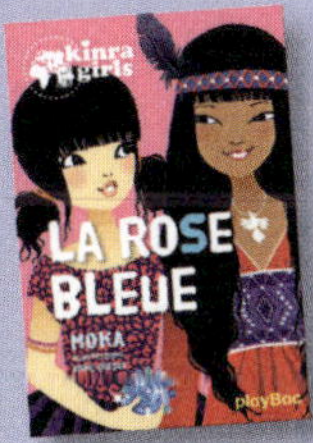

19

20

21

22

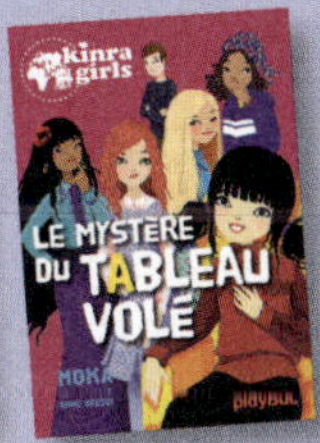

23

+ 5 HORS-SÉRIES !

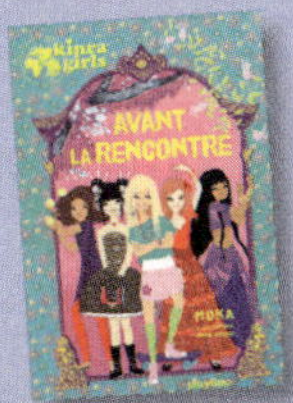

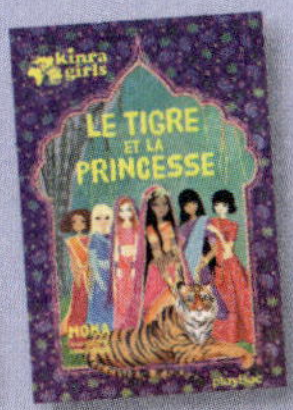

Certifié PEFC

Ce produit est issu de forêts gérées durablement et de sources contrôlées.

PEFC™
10-31-1093
pefc-france.org

ISBN : 9782809663259
Dépôt légal : juin 2014 ; août 2018 pour la présente édition
Imprimé en France par Pollina - 85676A.

Loi n° 49-956 du 16 juillet 1949 sur les publications destinées à la jeunesse.

Mise en page : Aurélie Buridans.
Photogravure : IGS.

Nous tenons à remercier pour leur contribution à cet ouvrage :
M. Baudry, J.-L. Broust, A. Buridans, A.-S. Congar, J. Courteboeuf, L. Maj,
K. Marigliano, L. Pommet, C. Schram, V. Sem, M. Seger, N. Tran.

Claire Ubac tient à remercier :
Faustine Zoveda, Maud Quesne, Séverine Buscarlet, Mujtaba Ghulam.